일과 사람
19 만화가

우주 최고 만화가가 되겠어!

김홍모 쓰고 그림

사계절

내가 어렸을 때, 우리 집은 대문도 없는 가난한 집이었어.
도둑이 들어도 가져갈 게 없으니 대문이 필요 없었지.
장난감도 없고, 공부하는 책이나 동화책도 별로 없었어.
하지만 큰형이 만화가여서 만화책만큼은 아주 많았어.
나는 만화책을 보면서 로봇 찌빠와 함께 세계를 누비고,
아기 공룡 둘리와 모험을 떠나기도 했지.
나는 한글도 만화책으로 배웠어. 처음 쓴 글자는 '으악'이었대.

친구들도 우리 집으로 만화책을 보러 왔어.
우리는 담벼락에 녹슨 못으로
독고탁이랑 꺼벙이를 그리곤 했어.
그러고는 밖에 나가서
해가 떨어질 때까지 놀았어.
뒷산에다 수풀을 묶어 움막을 짓고
비밀 기지로 삼았어.

눈이 오면 나는 눈 뜨자마자 강가로 나갔어.
아무도 밟지 않은 눈 위에 발자국으로 아주 커다란
태권브이를 그렸지. 어디든 빈 곳은 다 내 도화지였어.
온종일 함께 놀고 뒹굴었던 친구들, 도깨비가 나온다던
동네 빈집, 마을 어귀 당산나무, 꿈결에 듣던 옛이야기.
이 모든 것이 내 마음속에 아직도 들어 있어.

실컷 놀다가 집에 돌아오면, 큰형은 늘 만화를 그리고 있었어.
큰형 손이 종이 위로 지나가면 나무가 솟고, 강아지가 뛰었지.
주인공이 걷고, 뛰고, 울고, 웃었어.
내가 뒤에서 보고 있는 것도 모른 채,
잔뜩 웅크리고 그림을 그리는 뒷모습이
정말 멋져 보였어. 그 모습을 보면서
나도 커서 만화가가 되겠다고 마음먹었지.

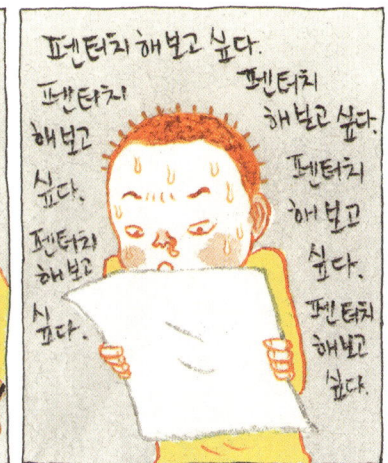

어느 날, 어린이 잡지사에서 전화가 왔어.
나더러 잡지에 다달이 싣는 연재만화를 하자는 거야!
나는 알았다고 점잖게 전화를 끊고는,
소리 지르면서 펄쩍 뛰었어.
야호! 이제 달마다 내 만화를 어린이들에게 보여 주는 거야!
머릿속에서 그동안 생각해 둔 이야기들이 둥둥 떠다녔어.
잘 해낼 수 있을지 걱정도 둥둥 떠다녔지만 말이야.

먼저 어린이들과 어떤 이야기를 할지 잘 생각해 보자.
어린이들은 무엇이 기쁘고, 무엇이 속상할까? 내가 어렸을 때는 어땠지?
나는 놀 때는 씩씩한 장난꾸러기였는데, 학교에서는 힘든 게 많았어.
공부 못한다고 혼나고, 수업 시간에 낙서한다고 혼났지.
내 마음도 모르면서 혼내기만 하는 게 정말 속상했어.
그래! 언제나 어린이 편에 서는 친구를 만들어 줘야겠다!
예전에 생각해 두었던 도깨비가 떠올랐어.

어린이들이 좋아하는 것, 답답해하는 것들을 잘 알아야 해. 그래야 마음이 통하는 이야기를 만들 수 있어.

도깨비에 관한 자료를 모아. 인터넷으로도 찾고, 도서관에서 책도 봐. 도깨비에 관한 이야기가 많이 있구나. 나는 특별한 도깨비를 만들어야지!

취재하고 오니까 좋은 생각이 많이 떠올라.
도깨비는 나무 도깨비로 만들 거야. 이름은 마로!
예빈이처럼 아무 데나 그림 그리는 여자아이를 주인공으로 해야지.
도깨비가 예빈이 그림을 살아나게 해 주면 어떨까?
친구들도 만들어야지. 수줍음 많은 아이, 잘난 척하는 아이,
걸핏하면 삐죽거리는 아이. 예빈이를 몰래 좋아하는 아이도 만들까?
무서운 선생님도 만들자. 말썽꾸러기 강아지도 나오는 게 좋겠다.
나무 도깨비는 아이들 또래로 할까, 어른으로 할까?
이렇게 저렇게 생각하면서 그림을 그렸다 지웠다 해.

인물도 정했으니, 이제 이야기를 자세히 짜야지.
이때가 가장 힘들면서도 가장 재미있어.
마로가 나쁜 어른을 골탕 먹일 때는 나도 킥킥거려.
예빈이가 마로를 끌어안고 울 때는 나도 같이 슬퍼져.
내가 쓴 이야기에 내가 감동하는 게 좀 우습다고?
나한테 재미없는 이야기라면 다른 사람한테도 재미없을 거야.
이야기가 잘 풀리지 않을 때는 산책을 하거나 자료를 봐.
아니면 그냥 신 나게 놀아 볼 때도 있어.
그러다 번쩍 생각이 떠오르면 어디서든 빨리 적어 둬.
이야기를 만들다가 깜빡 잠이 들면, 이야기가 꿈속에 나올 때도 있어.

이야기를 다 짜고 나면 종이에 칸을 나누고 간단하게 그림을 그려.
말풍선에 대사도 넣어 봐.
이렇게 해야 완성된 만화를 짐작할 수도 있고, 고치기도 쉬워.
다 그리면 식구나 친구들한테 보여 주고 의견을 묻기도 해.
재미있어 하면 턱을 치켜들고 잘난 척을 하지만,
시큰둥해 보이면 어깨가 축 쳐져.
아, 어서 제대로 그려서 어린이들한테 보여 주고 싶어.
그런데 그전에 꼭 보여 줄 사람이 있지. 바로 편집자야.

편집자를 만나러 잡지사에 왔어. 잡지 편집실은 늘 바빠.
다달이 잡지 한 권씩 만드는 게 쉽지는 않거든.
편집자는 책을 만드는 사람이야. 내가 만들어 온 이야기와 그림을
가장 찬찬히 보는 사람이지. 그리고 재미있는 의견도 내고,
모자란 점을 말해 주기도 해. 만화가랑 편집자는 가장 가까운 짝꿍이야.
하지만 서로 의견이 달라서 다투듯이 토론할 때도 있어.

여기는 화방이야. 그림 그릴
준비를 하려고 재료들을 사러 왔어.
물감, 종이, 붓, 조각칼, 색연필,
파스텔, 먹과 벼루, 없는 게 없어.
나는 화방에만 오면 정신을 못 차려.
어찌나 사고 싶은 게 많은지!
문방구 가면 갖고 싶은 게 많아서
두근두근하잖아. 그거랑 비슷해.
어떤 때는 정신없이 고르다가
꼭 사야 할 걸 잊어서 다시 가기도 해.
어디 보자. 종이, 가는 붓, 물감,
심이 두꺼운 연필이랑 잉크. 다 샀나?

자, 이제 종이에 진짜 그림을 그릴 차례야.
나는 청소부터 먼저 해. 산뜻한 기분으로 시작하고 싶거든.
그러고는 작업이 끝날 때까지 일주일이고 열흘이고 치우지 않지.
그냥 내 버릇이야.

그림을 그리다가 주인공 얼굴이
달라질 때도 있어. 그래서 처음에
그린 얼굴을 붙여 놓고
확인하면서 그리지.

탁탁

주인공들이랑 이야기 배경 그림을
책상 앞에 딱 붙였어. 종이랑 연필, 붓,
펜, 물감, 잉크, 지우개도 빠짐없이
책상 위에 올렸어. 자, 시작이야!

표정을 그리자!

표정을 그릴 때는 거울을 보고 표정을 지어
보면서 그려. 익숙해지면 거울을 보지 않아도
표정을 그릴 수 있어. 나중에는 나도 모르게
주인공 표정을 따라하면서 그리게 되더라.

이힛

치잇!

으엣!

……

그림을 그리면서 나는 마로가 되었다가,
예빈이가 되었다가 해. 이렇게 그림을 그릴 때면
가끔 어릴 적 생각이 나. 큰형 원고에
몰래 그림을 그렸던 그때.
펜이 종이를 스칠 때 스윽삭 쓱삭
소리가 났지. 정말 좋았어.

진한 잉크 냄새며, 연필 스케치 위에 까만 펜 선을
그을 때 가슴이 두근거렸던 것도 기억나.
이상하게도 형한테 꾸지람 들은 건 기억이 잘 나지 않아.
틀림없이 크게 혼났을 텐데 말이야.

잡지는 나오는 날이 정해져 있어.
그러니 만화 원고를 잡지사에 넘기는 마감 날을 꼭 지켜야 해.
사실 다달이 정해진 날까지 만화를 그리는 건 참 힘들어.
이야기가 잘 풀리지 않는 때도 있거든. 그럴 때는 속이 바짝바짝 타.
마감이 가까워질수록 작업실도 엉망진창이 돼.
나도 수염이 비죽비죽 산적 같고, 잠을 못 자서 눈이 퀭하지.
혹시 마감 중인 만화가를 만나면 알은척하지 않는 게 좋아.
짜증쟁이가 되어 있거든.

편집자한테서 마감을 재촉하는 전화가 오면,
원고가 반이나 남았는데도 거의 다 했다고 할 때도 있어.
그러고는 밤을 꼴딱 새우면서 그리지. 오늘도 밤새도록 그려야 해.
하아, 눈꺼풀은 왜 이리 무거운 거야!

드디어 마감을 끝냈어! 아휴, 살 것 같아! 먼저 잠을 푹 잔 다음 신 나게 놀 거야!
다음 달 만화를 준비해야 하지만, 놀아야 좋은 생각이 나는 법이야.
이제는 편집자들이 바쁘게 잡지를 만들 차례야.
"어서어서 만들어 주세요!"
아, 독자들이 내 만화를 좋아할까? 재미있어 할까?

잡지에 만화를 실은 지 일 년이 넘었어.
요즘 내 만화가 인기야. 어린이들이 잡지사로 엽서도 많이 보냈대.
이러다가 우주 최고 인기 만화가가 될 것 같아, 하하하!
그동안 잡지에 실린 내 만화를 따로 묶어서 책으로도 냈어.
서점에 내 만화책이 나와 있다는 이야기를 듣고 달려왔어.
어라, 어디 있지? 새로 나온 책인데 구석 자리에 있네.
이런 재미있는 만화를 구석 자리에 꽂아 두다니!!
학습 만화나 학습지는 저렇게 잘 보이는 자리에 두면서 말이야.

구석에 있는 만화책을 보니, 꼭 공부에 눌려서 힘들어하는 어린이들을 보는 것 같아. 왜 어른들은 어린이에게 만화를 못 보게 하는지 모르겠어. 이건 비밀인데, 만화 보지 말라고 하는 어른들도 어릴 때 다 만화를 보면서 자랐단다. 한번 물어봐.

책이 나오자마자 예빈이랑 친구들한테도 우편으로 보냈어.
재미있게 보았을지, 나무 도깨비 마로를 좋아할지 궁금해.
참지 못하고 예빈이한테 전화로 물어보았어.
야호, 다들 재미있대! 보고 또 보았대!
할머니한테도 읽어 드렸는데 재미있다고 하시더래.
예빈이는 잘 때 머리맡에 책을 두고 잔대.
꿈속에서도 마로가 보고 싶은가 봐.

예빈이는 꿈에서 마로랑 실컷 놀았을까?
어린 시절에 만화는 나한테 정말 큰 힘이 되었어.
달마다 나오는 아주 두꺼운 만화 잡지가 있었는데,
그게 책장에 나란히 꽂혀 있는 것만 보아도 뿌듯했지.
학교에 다녀와서 햇살 좋은 담벼락 아래
친구들과 옹기종기 모여 만화를 보면 정말 행복했어.
내 만화도 어린이들에게 위로가 되고
힘이 되어 주면 좋겠어. 친한 친구같이.

만화에는 꼭 있다!

만화책을 펴 보자. 만화는 한 칸에서 다음 칸으로 넘어가면서 이야기가 이어져. 뭉게뭉게 말풍선으로 생각이나 말을 표현해. "휘유우우우우" 바람 소리나 "쾅!" 터지는 소리도 글자로 나타내지. 그런가 하면 눈물을 폭포수처럼 쏟거나, 머리에 주먹만 한 혹이 솟기도 해. 과장해서 더 재미있게 보여 주는 거야. 만화 속 재미있는 특징을 살펴보자.

목소리까지 전하는 말풍선

만화에서 인물이 속으로 생각하는 내용, 속삭이는 말, 크게 외치는 소리 같은 것들을 말풍선에 담아. 말풍선 모양에 따라 느낌이나 소리 크기까지 전할 수 있어.

칸에서 칸으로

한 칸은 한 순간을 담기도 하고, 긴 이야기를 담기도 해. 칸에서 칸으로 넘어가는 것을 어떻게 짜느냐에 따라 이야기가 빨리 흘러가기도 하고, 잠깐 멈추기도 해. 앞에서 한 이야기를 더 자세히 설명하기도 하고, 뒤집기도 하지.

움직임을 나타내는 선

그림에 움직임을 나타내는 선을 덧붙여 그리면 그림이 움직이고 있다든지, 움직여서 어떻게 되었다는 것을 알 수 있어. 쌩쌩 달리는 모습이나, 세게 부딪힌 모습 같은 것을 표현할 때 써.

소리와 움직임을 표현하는 글자

하늘에서 별이 떨어지고, 바람이 불고, 사람이 넘어진 장면에서는 "쾅", "휘이잉", "꽈당"이라는 글자를 넣어서 느낌을 전해. 글자지만 그림처럼 전하려는 느낌에 맞게 꾸며서 써.

만화만의 상상

놀라면 머리카락이 쭈뼛 서고, 부끄러우면 몸이 배배 꼬이기도 해. 상상하는 건 무엇이든 표현할 수 있지. 만화니까!

나도 어린이 만화가

만화를 그려 보자. 같은 이야기라도 만화로 그리면 더 재미있고 생생해.
이야깃거리를 잘 모아 두었다가 만화로 그리는 방법을 알려 줄게.

재미났던 일 가운데 한 가지를 골라서 짧은 이야기로 만들어 보자

글감이 생각날 때마다 수첩에 적어서 모아 두자.
그 가운데 한 가지를 골라서
짧은 이야기로 만들어 보자.

> 조용한 수업 시간에 나는
> 안절부절 방귀를 참고 있다.
> 그런데 내 짝이 큰 소리로 방귀를
> 뀌었다. 나도 얼른 같이 뀌었다.
> 친구들이 놀라며 웃었다.
> 나는 "아이고, 구려!" 하면서
> 짝을 놀렸다.
> 내 짝이 "소리는 내 거지만,
> 냄새는 네 거잖아!" 하고 말했다.
> 나는 얼굴이 빨개졌다.

네 칸 만화로 그려 보자

네 칸 만화를 그리려면 이야기를 넷으로 나누면 돼. 뒤로 갈수록 궁금해지게 하고, 맨 마지막 칸을
가장 재미있게 해. 만화 속 인물들 감정이 잘 드러나도록 표정을 재미나게 그려 보자.

네 칸 만화를 연습해 보자

아래 네 칸에 이야기에 맞게 만화를 그려 봐.
주인공 감정이 잘 드러나도록 표정을 재미나게 그려 보자.

1 나는 선생님이 되었어. 숙제를 왕창 내 줘야지. "산더미 같은 숙제를 다 해 오세요!"

2 아이들이 난리야! "으앙!", "너무 많아요!", "너무해요!"

3 다들 숙제를 해 왔어. 아이들은 모두 지쳤어.

4 아이쿠, 나는 숙제 검사하느라고 밤새고 있어!

내 이야기로 만화를 만들어 보자

내가 겪은 이야기, 상상한 이야기, 어디서 들었던 이야기도 좋아.
짧은 이야기를 네 개로 나눈 다음 만화를 그리는 거야. 연필을 들고 지금 바로 그려 봐!

1　　　2　　　3　　　4

궁금해요!

만화가 아저씨 궁금해요!

 **아저씨는 왜 어린이 만화를 그려요?**

내 마음속에는 어린이가 있나 봐. 아직도 장난감을 사 모으고, 만화 영화를
보는 게 좋아. 그리고 나는 어린이가 즐겁게 지내는 세상이 좋은 세상이라고
생각해. 즐겁게 자란 어린이들이 즐거운 미래 세상을 만들 테니까.
어린이 만화는 어린이를 즐겁게 해 주잖아. 그래서 나는 내 일이 좋아.

 **이야기는 어떻게 생각해 내요?**

이야기는 어디에나 있어. 다만 숨어 있기 때문에 찾아내야 하지. 어린 시절에 겪은
일, 새로 이사 온 이웃, 갑자기 잃어버린 물건, 어제 꾸었던 꿈이 모두
이야깃거리야. 그 가운데 다른 사람과 나누고 싶은 이야기를 찾는 거야.
이야기를 찾고 싶으면 궁금해하면 돼. 묻고, 알아내고, 상상하는 거야.
물론 쉬운 일은 아니야. 그래서 좋은 이야깃거리는 수첩에 적어서
모아 둬. 그걸 보고 생각하고 또 생각하면서 이야기를 만드는 거야.
그런데 나쁜 이야기도 있어. 전쟁이나 범죄나 자연재해로 피해를 입은
사람들을 놀림감으로 만드는 이야기는 안 돼. 피부색이 다르거나 몸이
불편하다고 깔보는 이야기도 안 돼. 알겠지? 잘 기억해 둬!

 **그림을 잘 그리는 게 중요한가요?**

그럼 중요하지. 생각한 것을 그려 낼 수 있어야 하니까. 그런데 너무 어렵게 생각하지 마. 우리가 낙서를 할 때는 마음 편하게 하잖아. 그래서 시간 가는 줄도 모르고 계속하지. 그런 마음으로 계속 그리면 돼. 만화에서는 무엇이든 다 된다고 생각하고 마음껏 상상해서 그려 봐. 그렇게 이야기를 만들고 그림을 그리다 보면 자기만의 만화를 그릴 수 있어.

 **나도 만화가가 되고 싶은데 어떻게 하면 되나요?**

만화가가 되고 싶다면 먼저 신 나게 생활하는 것이 중요하다고 생각해. 겪어 봐야 많은 것을 느끼고 깨칠 수 있거든. 할 이야기가 생기는 거지. 또 꾸준히 그림을 그리고 글을 쓰는 것이 좋아. 아, 그림일기나 만화 일기를 쓰는 방법도 있겠다. 요새는 대학교에 만화과가 있으니 대학에 가서 배울 수도 있지. 정성껏 만화 원고를 만들어서 출판사에 가져가 볼 수도 있어. 인터넷에서 만화를 연재하는 곳에 보낸다든지, 여러 공모전에 낼 수도 있지. 거기서 뽑히면 책을 내거나 연재를 시작하게 되는 거야.

 **만화가 정말 좋아요.
왜 이렇게 좋을까요?**

하하하! 나도 만화가 좋아. 만화는 이야기가 그림과 함께 펼쳐지잖아. 그래서 더 생생하게 느껴지지. 거기에 만화만의 엉뚱한 상상력까지 더해지니까 재미있을 수밖에. 아, 말하다 보니까 또 만화책 보고 싶네!

작가의 말

날마다 만화를 보고 깔깔깔 웃으면 좋겠어!

학교에서 구구단을 못 외워서 혼나고 온 날이었어. 다른 아이들은 다 집에 갔는데 나 혼자 교실에 남아서 구구단을 종이에 몇 번이나 베껴 썼어. 그런데도 다 못 외웠지. 선생님께 한참을 혼나고 나서야 집에 올 수 있었어. 마음이 슬프고 우울했어. 우울한 마음에 큰형 방에 가서 만화책을 집어 들었지. 제목이 '달려라 꼴찌'였어. 이야, 꼴찌가 주인공이라니! 한 권, 한 권 읽으면서 이야기에 빠져들었어.

독고탁이라는 아이가 주인공이야. 독고탁은 부모님이 다 돌아가셨는데, 수많은 어려움을 겪으면서도 야구를 열심히 했어. 마침내 공이 뱀처럼 휘면서 날아가도록 던질 수 있게 되었지. 그래서 야구 경기를 할 때 팀이 지고 있으면 독고탁이 투수로 나갔어. 그러면 꼭 이겼지. 독고탁이 어려움을 겪을 때면 함께 마음이 아팠어. 손이 부르트도록 공 던지는 연습을 할 때는 응원하는 마음이 들었지.

만화책을 다 읽고 나니까 학교에서 있었던 일은 까맣게 잊어버렸어. 슬프고 우울한 마음이 사라졌지. 이렇게 만화는 늘 내 가까이에 있었어. 친한 친구처럼 내 마음을 어루만져 주었지. 지금 나도 그런 만화를 그리고 있는지 자주 생각해.

나처럼 만화가가 되고 싶어 하는 어린이들이 자주 묻는 게 있어. 만화가가 되려면 특별한 재능이 있어야 하느냐는 질문이야. 나는 그렇지 않다고 생각해. 대신 만화가가 되려면 하고 싶은 이야기가 많아야

한다고 말해 주지. 그림을 아무리 잘 그려도 하고 싶은 이야기가 없으면 만화를 그릴 수가 없어. 그래서 만화가들은 수다꾼이야. 하고 싶은 이야기가 많은 수다꾼. 그림은 잘 못 그려도 괜찮아. 이야기를 잘 전할 수 있도록 꾸준히 연습하면 얼마든지 재미있는 만화를 그릴 수 있어. 누구든지 말이야.

나는 어린이들이 만화를 많이 보고, 많이 그리면 좋겠어. 다른 사람 마음을 잘 헤아리는 힘, 내 마음을 표현하는 힘이 생기거든.

그런데 지금은 어린이들에게 힘이 될 수 있는 만화가 새로 많이 나오지는 않는 것 같아. 만화책을 갖다 두지 않는 도서관도 많고, 서점에는 학습에 관한 책들이 많이 꽂혀 있지. 나는 어린이들이 지칠 때까지 뛰어놀고, 지겨워질 때까지 만화를 봐도 아무도 혼내지 않는 세상이 되면 좋겠어. 어린이들을 위한 만화책도 더 많이 나오고 말이야. 재미있는 만화책이 하늘에서 비처럼 내린다면 얼마나 좋을까? 엄마랑 아빠랑 날마다 깔깔깔 웃으면서 만화를 보면 정말 행복할 거야. 다들 행복해지면 세상도 즐거운 곳이 되겠지. 만화 같은 얘기라고? 만화도 가끔 현실이 된다고!

글·그림 **김홍모**

야구 선수도 되고 싶었고, 춤추는 사람도 되고 싶었고, 무예 하는 사람도 되고 싶었습니다.
그렇지만 가장 되고 싶었던 건 만화가입니다. 그래서 만화가가 되었습니다.
어린이 창작 만화 『두근두근 탐험대』로 부천국제만화대상 어린이만화상을 받았고,
『내가 살던 용산』(공저)으로 부천국제만화대상 일반만화상을 받았습니다.
쓰고 그린 그림책으로 『구두 발자국』, 『누나야』가 있습니다. 그린 책으로는 『누렁이의 정월대보름』,
『할머니 제삿날』, 『엄마꼭지연』, 『우리 집에 놀러 오세요』 들이 있습니다.
지금은 제주도 시골 마을에 살고 있습니다. 만화가인 아내와 그림 그리기를 좋아하는 딸과 함께
어떻게 하면 더 재미있게 살 수 있을까 날마다 궁리하고 있습니다.

일과 사람 19 만화가

우주 최고 만화가가 되겠어!

2014년 3월 12일 1판 1쇄
2022년 6월 20일 1판 6쇄

ⓒ김홍모, 곰곰 2014

글·그림 : 김홍모 | 기획·편집 : 곰곰_전미경, 안지혜, 심상진 | 디자인 : 권석연, 남경민 | 편집관리 : 그림책팀 | 제작 : 박홍기
마케팅 : 이병규, 이민정, 최다은 | 홍보 : 조민희, 강효원 | 출력 : 한국커뮤니케이션 | 인쇄 : 코리아 피앤피 | 제책 : 책다움
펴낸이 : 강맑실 펴낸곳 : (주)사계절출판사 | 등록 : 제406-2003-034호
주소 : (우)10881 경기도 파주시 회동길 252
전화 : 031)955-8588, 8558 | 전송 : 마케팅부 031)955-8595 편집부 031)955-8596
홈페이지 : www.sakyejul.net | 전자우편 : picturebook@sakyejul.com
블로그 : blog.naver.com/skjmail | 페이스북 : facebook.com/sakyejulpicture
트위터 : twitter.com/sakyejul | 인스타그램 : sakyejul_picturebook

값은 뒤표지에 적혀 있습니다. 잘못 만든 책은 구입하신 서점에서 바꾸어 드립니다.
사계절출판사는 성장의 의미를 생각합니다. 사계절출판사는 독자 여러분의 의견에 늘 귀 기울이고 있습니다.
이 책은 저작권법에 따라 보호받는 저작물이므로 무단전재와 복제를 금합니다.

ISBN 978-89-5828-722-3 74370 ISBN 978-89-5828-463-5 74370(세트)